AF245039

LA
NOUVELLE-CALÉDONIE

PAR

M. Eugène MAGEN

Capitaine de Frégate en retraite, Officier de la Légion-d'Honneur.

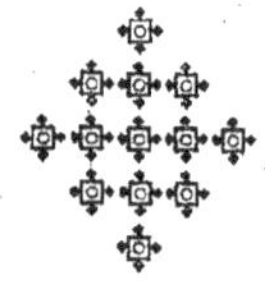

AGEN

IMPRIMERIE VIRGILE LENTHÉRIC

M.DCCC.LXXIX

LA
NOUVELLE-CALÉDONIE

PAR

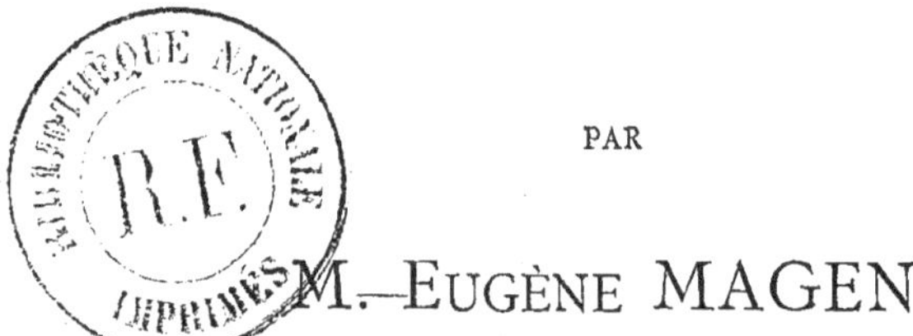

M.-Eugène MAGEN

Capitaine de Frégate en retraite, Officier de la Légion-d'Honneur.

AGEN

IMPRIMERIE VIRGILE LENTHÉRIC

—

M.DCCC.LXXIX

Les pages qu'on va lire ont paru en 1856 dans le Recueil des travaux de la Société des Sciences, Lettres et Arts d'Agen ; on les publie de nouveau sans y rien changer. Elles furent écrites, il y a vingt-neuf ans, aux derniers jours d'une campagne, dont la prise de possession de la Nouvelle-Calédonie constitue l'un des premiers actes et fut l'épisode principal.

Sur mes quinze mois de station dans cette colonie, quatre se passèrent au milieu des naturels. Je commandais un petit fort, à la tête de vingt-neuf hommes, et je pus faire d'amples observations sur les indigènes et les produits de leur sol. Les malheureux évènements dont ce pays vient d'être le théâtre donneront à ma relation, — à défaut d'autre, au besoin, — l'intérêt de l'actualité.

Rien, je l'avoue, ne m'a surpris comme cette révolte sauvage éclatant tout-à-coup en pleine tranquillité. Quelle cause assigner à ce crime collectif qui a coûté la vie à près de deux cents personnes ? Il est difficile de se prononcer, mais on prévoit dès à présent que la race qui l'a commis s'est, par le fait, condamnée à disparaître ; et l'expiation, — qu'elle ait lieu plus tôt ou plus tard, — est inévitable. Cette considération ajoutera peut-être à l'intérêt de l'étude vraiment consciencieuse que je soumets à la bienveillance du lecteur.

Agen, le 15 Septembre 1878

E. MAGEN.

LA NOUVELLE-CALÉDONIE

Lima. — Juillet 1855, à bord du *Prony*.

La présente notice a une origine très-modeste; elle est tout simplement un extrait de mon journal de bord, c'est-à-dire une collection de notes reproduisant avec une fidélité scrupuleuse les incidents d'un voyage sur l'Océan Pacifique, que j'ai commencé il y a trois ans, et qui dure encore. Ce sont les impressions d'un officier de marine qui cherche à se rendre compte de ce qu'il voit pour compléter sa propre instruction et se rendre utile, s'il le peut, à ceux qui viendront après lui sur la même route.

Durant les dix années qui viennent de s'écouler, j'ai visité la plupart de nos colonies. J'ai vu, avant la révolution de 1848, l'esclavage des noirs aux Antilles et, plus tard, étudié les effets de l'émancipation que cet événement a provoquée. Si mon séjour à

Saint-Domingue a été de peu de durée, il a du moins suffi pour que je me fisse du travail des noirs une idée que je crois juste. Les essais de colonisation tentés si opportunément en Algérie et les admirables résultats qu'ils ont produits, enfin les institutions politiques et les mœurs si étranges du Mexique et des républiques de l'Amérique du Sud ont été, de ma part, l'objet d'un examen d'autant plus sérieux qu'il touchait aux plus hautes questions de l'économie politique et sociale.

Je puis donc, sans trop de témérité, apprécier, en m'appuyant sur des éléments nombreux de comparaison, les moyens les plus rationnels et les plus sûrs de fonder un établissement durable sur les terres de la Nouvelle-Calédonie, dont la France a pris possession dans ces derniers temps. Un aperçu général sur cette matière et une description détaillée de notre nouvelle colonie feront l'objet de cette notice.

La Nouvelle-Calédonie, ainsi nommée par Cook qui la découvrit en 1774, est située presque aux antipodes de la France et un peu au nord du tropique du Capricorne. Après l'Algérie, c'est maintenant la plus grande de nos possessions d'outre-mer : elle a 60 lieues de long sur 12 à 15 de large. Sa position géographique fait deviner la plus douce température, en même temps qu'une grande fertilité du sol; en effet, quatre mois de séjour à Balade, le premier port du nord de l'île qui ait été fréquenté par les Européens, m'ont convaincu de la parfaite salubrité du climat et de l'abondance des richesses végétales. Durant ces quatre mois passés à terre pendant que je commandais le premier poste français établi dans l'île, j'ai pu étudier les effets de la température sur la santé des vingt-cinq hommes placés sous mes ordres. Ces observations ont été continuées sur le *Prony* et se suivent pendant quinze mois sans interruption, laps de temps qui me paraît suffisant pour donner une réelle valeur aux résultats obtenus. Pendant tout ce temps, l'équipage de la corvette à vapeur le *Prony*, fort de 182 hommes, et la garnison que je commandais à terre, ont joui d'une excellente santé, malgré des travaux incessants sur cette terre nouvelle où tout était à créer. Les missionnaires français établis depuis plus de dix ans dans l'île reconnaissent, comme moi, la salubrité du climat : le thermomètre dont je me servais à Balade m'a indiqué une moyenne de 25°, 70 centigrades en janvier, février, mars et avril, c'est-à-dire pendant les plus fortes chaleurs de cet hémisphère. Le baromètre s'est maintenu à une hauteur moyenne de 751 millimètres. Ces observations météorologiques témoignent d'une température chaude, mais supportable. En hiver, le thermomètre ne monte jamais au-dessus de 18° et encore est-ce dans le nord de l'île; au sud, au contraire, il fait bien moins chaud. Le gisement de l'île est N.-O et S.-E. suivant une ligne oblique coupant l'équateur sous un angle de 45 degrés, position remarquable grâce à laquelle les deux côtés de l'île sont constamment rafraîchis par les vents alisés qui soufflent de l'est toute l'année, ce qui est encore une condition de salubrité, dont bien d'autres îles, dans le Pacifique, ne jouissent pas. Donc il nous reste acquis, à n'en plus douter; que le climat de la Nouvelle-Calédonie est parfaitement sain. Ceci était très-utile à démontrer péremptoirement, dans le but de prouver que l'île pourrait être affectée, sans crainte, à un établissement pénitentiaire, et aussi pour rassurer d'avance les colons qui auraient l'intention de s'y établir.

Quand on arrive, soit par l'est, soit par l'ouest, sur les parages de la Nouvelle-Calédonie, on aperçoit de fort loin des montagnes d'une élévation de 900 à 1,100 mètres environ, qui se dessinent nettement sous le beau ciel tropical de ce pays. Des forêts d'un vert sombre les tapissent, souvent jusqu'à leur sommet. Cette chaîne suit la même direction que l'île dans toute sa longueur du sud au nord. De cette heureuse disposition du sol naîtra la possibilité d'échelonner et de varier les cultures, suivant que l'agriculteur trouvera plus conforme à ses goûts ou à ses moyens de s'élever sur les crètes ou de s'établir dans les vallées. Des cours d'eau innombrables baignent les deux côtés de l'île, mais plus particulièrement l'est et le nord, où nous avons trouvé un petit fleuve, appelé Diaot par les indigènes, et navigable jusqu'à six lieues de son embouchure pour des bâtiments de trois à quatre mètres de tirant d'eau. On voit de loin de magnifiques cascades qui, bien des fois, nous ont servi pour nos relèvements hydrographiques et dont ou utilisera facilement la puissance pour faire mouvoir diverses machines. Tel est l'aspect de l'île vue de large. Mais en s'approchant, on rencontre à une distance qui varie de trois à cinq et six lieues du rivage, une longue chaîne de récifs madréporiques qui enclave l'île entière comme une muraille; de loin en loin, on trouve des solutions de continuité qui permettent aux navires de s'approcher des rades de la côte. Si quelque jour on fait de l'île un vaste pénitencier, ces récifs, si redoutables pour les navigateurs, seront une garantie puissante contre les invasions; ils seront aussi une source de richesse quand on aura fondé un centre commercial dans la colonie. En effet, c'est à la surface de ces vastes bancs de corail qu'on a déjà commencé à pêcher le *trépang* (Holothuries de Milne-Edwards) que les Chinois recherchent tant à cause de ses propriétés aphrodisiaques: on les vend à Canton jusqu'à 45 fr. le kil. C'est un zoophyte rayonné échinoderme de forme cylindrique, ressemblant à un boudin noir de cinq à six pouces de long; sa préparation consiste tout simplement à le faire sécher dans des chaudières en fonte; il se racornit alors et sa chair reste pâteuse et coriace. On le transporte ainsi en Chine où il est très-estimé par les riches et par tous ceux qui peuvent se nourrir confortablement. Au nord et au sud de l'île, en dedans de la chaîne de récifs dont je viens de parler, se trouvent des îles sur lesquelles la pêche de la tortue est très-abondante. Ce chélonien, dont la chair est délicieuse, se vend fort cher à Sidney, qui est distant de la Calédonie de 300 lieues seulement : j'en ai vu qui avaient jusqu'à un mètre et demi de longueur et dans lesquels on a trouvé plus de deux cents œufs. C'est encore sur ces bancs de corail que les indigènes ramassent ces belles coquilles dont j'ai fait une collection que je destine à notre musée. Nous avons trouvé des espèces curieuses non mentionnées dans Blainville ni Lamarck. La mer est constamment calme et plate en dedans des coraux ; la navigation de cette mer intérieure est toujours aisée, même pour les grossières pirogues des naturels. En général, les passes qui donnent accès sur les rades sont faciles et pourront être balisées sans peine.

Presque toujours on aborde sur une plage basse qui va s'élevant jusqu'aux montagnes de l'intérieur par une pente douce. Partout, même au bord de la mer, la végétation est d'une grande vigueur ; l'arbre qui domine et frappe l'œil, par la couleur blanche du tronc et la ressemblance de son feuillage avec celui de l'olivier, est le cayeput (*melaleuca leucodendron*), si commun dans la Malaisie, et principalement à Sumatra et Java. C'est de la feuille de cet arbre qu'on retire par la distillation une huile dont les Malais ont fait une panacée universelle ; il est fort abondant en Calédonie à laquelle il donne un premier point de ressemblance avec l'archipel asiatique. Il me semble que cette indication de la nature était suffisante pour faire rattacher la Calédonie à la Malaisie ou à l'Australie plutôt qu'à la Polynésie, comme l'ont fait plusieurs géographes. Le cayeput croît dans les plaines aussi bien que sur les crêtes les plus élevées, et son bois sera d'une grande ressource pour les constructions. Tout à côté de cet arbre croissent également ceux qu'on retrouve dans tous les pays tropicaux, tels que le cocotier, le citronnier, l'oranger et l'arbre à pain. D'autres bois d'une essence précieuse se trouvent encore mêlés à ceux que je viens de nommer, ce sont le teck, le gaya et le tamana, espèce de bois de rose. Enfin il existe, surtout au sud de l'île, deux arbres précieux pour l'avenir de la colonie. Le premier est un pin magnifique (*pinus columnaria*) qui fournira des pièces de mâture d'une contexture tout au moins aussi forte que celles des bois du nord de l'Europe. Il est si abondant, que Cook appela *île des Pins* une fort belle terre séparée de la Nouvelle-Calédonie par un canal de dix lieues environ et qui en est

couverte : ce nom lui est resté. Depuis le voyage de cet illustre
navigateur, les beaux arbres de cette île sont restés inexploités
comme s'ils attendaient la hache du pionnier français. Après le
pin, vient le sandal ou santal, si recherché par les Chinois, comme
bois de senteur et dont ils font mille petits ouvrages de tablette-
rie. Déjà plusieurs navires anglais sont venus prendre des char-
gements de ce bois précieux dans les divers ports de la Nouvelle-
Calédonie ; il serait bon d'en régulariser sans retard l'exploitation, si on ne veut le voir disparaître. J'ai vu au sud de la Calédonie des forêts d'une grande étendue, toutes peuplées d'arbres
gigantesques dont les espèces m'ont paru tellement nombreuses
que j'ai dû renoncer à les décrire. J'insiste sur la richesse des
ressources forestières de la Nouvelle-Calédonie, parce que je
suis convaincu de la grande importance qu'elles auront, ne fût-ce
que pour approvisionner Taïti, qui manque de bois, à tel point
qu'on fut obligé, il y a deux ans, d'envoyer chercher en Australie
les pièces nécessaires à l'établissement d'une cale de halage.

La Nouvelle-Calédonie, placée sous le 22ᵉ degré de latitude sud,
jouit d'une température bien plus fraîche, toutes proportions gar-
dées, que celle de Taïti, qui cependant se trouve plus rapprochée
de l'équateur seulement de cinq degrés. Je fus frappé de cette différence lorsque j'appris du jardinier du poste de Balade que les différentes plantes potagères semées par nous avaient reproduit leurs
graines ; cela n'arrive pas à Taïti, où les graines de chou, de
carottes, etc., se vendent au poids de l'or. Donc, c'est un avantage immense qui est encore assuré à la Nouvelle-Calédonie par la
fraîcheur de sa température.

Dans les premiers jours de mon installation à Balade, on m'indi-
qua la présence, sur les terres qui avoisinent le poste, de plusieurs
plantes pouvant offrir de grandes ressouces pour l'alimentation des
Européens. La plus répandue est l'arrowroot, qu'on trouve partout
en abondance ; ce précieux tubercule, négligé par les indigènes,
pourra être exploité en grand, tant pour la consommation intérieure

que pour l'exportation. J'ai reconnu encore le gingembre, le curcuma et la patate douce, dont j'ai fait un grand usage. Les missionnaires ont constaté la possibilité de faire venir le blé, mais seulement à l'île des Pins, qui est bien plus fraîche que la Nouvelle-
Calédonie; à Balade, il monte rapidement, ne forme pas sa graine
et reste en herbe. La vigne a réussi partout, ainsi que le figuier et
l'olivier; ce dernier pourra même être exploité en grand, suivant
l'opinion du Père Monrouzier, missionnaire et savant botaniste, qui
habite l'île depuis dix ans. Le cotonnier a prospéré; la canne à sucre
est fort belle, surtout au centre de l'île.

Je termine ici cette énumération des richesses végétales de l'île,
elle est suffisante pour témoigner de la bonté du sol et de sa grande
fertilité qui permettra d'acclimater bien d'autres végétaux que je ne
pourrais désigner en ce moment.

J'arrive à la description des produits minéraux que nous avons
pu reconnaître dans nos explorations ; mais auparavant, il est bon
de rappeler que, jusqu'à ce jour, personne n'a visité les montagnes de l'intérieur où nous attendent peut-être d'importantes
découvertes. La Nouvelle-Calédonie est une terre de formation
récente, qu'un soulèvement de la croûte terrestre a poussée au-
dessus du niveau des mers. Le volcan Mathews, qui en est tout voisin à l'est, indique assez l'origine des îles du groupe calédonien,
qu'on peut considérer comme relativement nouvelles.

Il n'y existait qu'un seul mammifère avant l'arrivée des Européens : c'était la roussette, espèce de chauve-souris énorme, dont la
chair est bonne à manger. Il n'y avait aucun des quadrupèdes de
l'Australie ; on n'y trouvait d'oiseaux que ceux communs aux groupes
du Vent. Cette absence des êtres organisés de grande taille a été
constatée souvent par les naturalistes sur les îles ou portions de terre
nouvellement apparues à la surface du globe. Dans la plupart des
terrains que j'ai visités, j'ai reconnu du quartz semblable au quartz
aurifère de l'Australie : j'ai vu encore du talc et du jaspe. Nous avons

trouvé des filons de fer et de cuivre à la surface du sol. Mais la découverte la plus précieuse est sans contredit celle des mines de charbon de Nouméa et de Morari, deux points au sud-ouest de l'île. En 1845, le Père Monrouzier avait déjà signalé la présence probable de ce combustible, malgré l'assertion de plusieurs géologues qui prétendaient qu'il ne pouvait y avoir du charbon sur les terres placées entre les tropiques : le contraire est maintenant bien prouvé. Il existe, aux endroits que je viens de nommer, des filons qu'il nous a été facile de mettre à découvert, presque à la surface du sol. Le *Prony* a brûlé six tonneaux de ce charbon, qui a été jugé de fort bonne qualité et à peu près semblable à celui d'Australie. Voilà donc une nouvelle source de richesses inépuisables pour notre nouvelle colonie. Remercions la Providence, qui nous a donné en même temps du bois en si grande quantité et du charbon sur les mêmes lieux.

Les grandes forêts du sud, que j'ai visitées avec le *Prony* après avoir reconnu les mines de charbon, sont distantes de ces dernières de six lieues environ. N'y eût-il que ces deux choses à exploiter en Calédonie, il serait plus que nuisible aux intérêts de la France de ne pas s'en occuper. D'abord, si nous l'abandonnions, nos voisins les Australiens s'en empareraient et notre considération à l'étranger en serait bien diminuée, parce qu'on nous regarderait comme des gens sans initiative et sans force pour les choses sérieuses; ensuite nos intérêts matériels en seraient lésés fortement, puisque, à Taïti, nous payons souvent le charbon 100 fr. et 120 fr. le tonneau, tandis que celui de Calédonie, rendu sur les mêmes lieux, ne reviendrait pas à 40 fr. Notre station des mers du Sud paye le charbon 80 fr. en moyenne à Lima et à Valparaiso; celle de Chine davantage encore et souvent on n'en trouve pas, comme cela est arrivé déjà à plusieurs de nos vapeurs. Donc, sachons profiter des richesses que Dieu nous prodigue, et travaillons !

Peut-être trouvera-t-on un jour, dans l'intérieur, des mines d'or? Je ne le désire pas, pour le bien de mon pays. Ce métal précieux a toujours détourné les peuples du travail de l'agriculture et leur a enlevé les qualités d'ordre et d'économie qui sont les vertus de ceux qui s'attaquent à la terre. L'Australie, si riche et si belle il y a six ans seulement, est maintenant désolée par les désordres des aventuriers ambitieux qui se sont établis dans ces dernières années sur les terrains aurifères. La Californie, malgré les millions qu'on retire annuellement de son sein, est toujours la patrie de l'assassinat et de la banqueroute : ces deux contrées sont en pleine décadence.

Lorsque Cook arriva le premier sur les terres de la Nouvelle-Calédonie, il les trouva habitées par un peuple qui différait essentiellement des Polynésiens, qu'il venait de quitter. Cette race est encore celle qui vit aujourd'hui sous le drapeau de la France et que je vais essayer de décrire. Les Calédoniens ont une taille un peu supérieure à la moyenne; ils sont assez bien bâtis, mais leur teint est cuivré et leurs cheveux sont crépus. Il est évident pour moi qu'ils doivent être considérés comme appartenant à la race des Papous, qui habite l'Australie et les îles qui l'entourent. Cette opinion n'a pas été généralement adoptée, quelques géographes ayant pensé que les habitants de la Nouvelle-Calédonie pouvaient être rangés parmi les Polynésiens. Ces écrivains puisaient à des sources erronées ou à des rapports mensongers, et, de plus, ils avaient le tort de vouloir décrire ce qu'ils n'avaient pas vu. Pour bien établir la différence des deux races dont je m'occupe, il est nécessaire de rechercher leur origine et les diverses routes qu'elles ont suivies dans leurs migrations. D'abord, il me semble évident que les Polynésiens sont venus d'Asie et d'Amérique par le détroit de Behring et les archipels du Pacifique, échelonnés de l'est à l'ouest suivant la direction des vents alizés, qui poussèrent rapidement les pirogues des émigrants. Pour le prouver, il suffit d'avoir constaté, comme je l'ai fait à Taïti, qu'un habitant des îles Sandwich comprend parfaitement le langage d'un Taïtien et d'un habitant de la Nouvelle-Zélande. La ligne qui passe par ces trois points donne la direction de l'émigration des peuples dans le Pacifique, La constitution physique des populations qui vivent sur les trois points que je viens de citer est parfaitement identique : taille élevée, teint olivâtre, cheveux noirs et plats, pommettes saillantes, tels sont les traits généraux de ressemblance. De même pour la race des Papous, qui me paraît être venue de l'Asie pour peupler l'archipel australien, la Nouvelle-Guinée, les îles Salomon et les Nouvelles-Hebrides jusqu'à la Calédonie qu'ils n'ont pas dépassée au sud. Même langue et même constitution physique : taille ordinaire, teint noir cuivré ; cheveux crépus, nez un peu épaté. Donc, la ligne qui passerait par les Hébrides, les îles Salomon et la Nouvelle-Guinée jusqu'à la côte d'Asie, donnerait la direction de l'émigration de cette race des Papous, si différente de la race polynésienne. Il me semble que, si les écrivains et les philosophes qui ont élevé tant de théories différentes sur la question si complexe de l'émigration des peuples à leur origine, s'étaient donné la peine de voyager quelques années et d'observer eux-mêmes, ils auraient mieux employé leur temps qu'à discuter longuement et légèrement, comme ils l'ont fait. Lapeyrouse dit quelque part, dans la relation qui nous est parvenue de son malheureux voyage, que les discussions, oiseuses pour la plupart, qui ont eu lieu, ne peuvent amener aucun résultat satisfaisant touchant l'émigration des peuples et qu'il faudrait, pour résoudre le problème, partir du point qui fut le premier berceau des hommes et suivre patiemment les différentes branches de la race humaine dans chacune des directions qu'elle prit. Je crois avoir trouvé une petite partie de la route que suivirent par les deux races mongole et papouasienne ; à d'autres de faire le reste.

Les Calédoniens ne sont pas dépourvus d'intelligence ; ils en ont au contraire beaucoup, mais il leur manque la faculté de coordonner leurs idées , c'est-à-dire la prévoyance , l'ordre et la suite dans leurs actions. L'un des cathécumènes élevés par le Père Monrouzier, à Balade, parle très bien le français et le latin. J'ai eu fréquemment des relations avec cet indigène, qui a reçu le nom de Louis, et j'ai toujours été frappé de son intelligence. J'ai vu des lettres de lui, passablement écrites en latin, au supérieur de la mission, à Puebo, village du centre de l'île.

Nous avons évalué la population calédonienne à quarante mille habitants environ, mais ce chiffre serait bien plus élevé sans l'anthropophagie. Cette féroce habitude pousse souvent des tribus pauvres à faire la guerre aux tribus plus riches et possédant un sol plus fertile, soit pour les déposséder, soit pour dévorer les vaincus et satisfaire leur faim. La paresse, l'incurie et l'imprévoyance sont les défauts des peuples sauvages de ces contrées, et, quoique la nature soit très prodigue à leur égard, il arrive une saison de l'année où ils se trouvent sans ressources, ayant complètement dévoré en quelques mois leurs provisions de cocos et d'ignames, qui devait durer un an. il survient aussi des coups de vent; la mer grossit, et il leur est impossible d'aller pêcher et ramasser les coquilles; alors les tribus affamées se ruent les unes sur les autres; les guerres et les massacres, que suit toujours l'anthropophagie, complètent le désordre jusqu'au moment de la récolte suivante. J'ai connu à Puebo un naturel qui passait pour être un amateur féroce de chair humaine; le nombre de ses victimes était fort considérable, et, ce qu'il y a de plus extraordinaire, c'est que le motif de cette gloutonnerie de bête sauvage n'était autre que la gourmandise. Un jour, on vint dire aux missionnaires que cet homme avait massacré une femme et qu'en ce moment il la faisait cuire dans un four et se préparait à la servir en festin à quelques amis. Aussitôt les Pères Rougeyron et Gagnerre, sans redouter les fureurs du sauvage et de ses compagnons, coururent au lieu désigné, enlevèrent les tristes débris à demi-torréfiés et vinrent les enterrer près de leur maison. Les naturels, intimidés, les suivaient, faisant claquer leur langue et se léchant les doigts. Il fallut que le Père Gagnerre veillât plusieurs nuits de suite, avec un fusil, pour empêcher les naturels de venir déterrer ces restes. La victime d'une aussi affreuse cruauté était jeune et très robuste, me dit le Père Rougeyron, mais elle appartenait à la classe la plus pauvre de la tribu, et le cannibale qui avait voulu s'en repaître était un chef. Ce sauvage est mort à la fin de 1853, pendant une épidémie. Un an auparavant, un canot de la corvette française *l'Alcmène* avait été assailli, dans la partie nord de l'île, par les indigènes, et son équipage, composé de douze hommes, dont deux officiers, fut massacré et dévoré. Depuis, nous en avons tiré vengeance d'une façon terrible. Il n'est pas douteux que la religion chrétienne ne fasse bientôt disparaître cette horrible coutume. Déjà les bons résultats se font sentir. Durant les quatre mois de mon commandement de la tribu de Balade, je n'ai eu à punir aucun acte semblable de sauvagerie.

La femme calédonienne vit dans un état complet de servitude vis-à-vis de l'homme ; c'est elle qui cultive les champs, va ramasser les coquilles et fait la cuisine. La polygamie existe dans toute l'île ; elle est le plus grand obstacle qu'aient rencontré les missionnaires. Un Calédonien prend autant de femmes qu'il peut en nourrir. Taïti est le seul point de l'Océan pacifique et peut-être du monde entier sur lequel les premiers navigateurs aient trouvé la femme dans une condition supérieure à celle de l'homme, et même le gouvernant. J'attribue ce fait anormal à l'empire qu'exerce la beauté vraiment prodigieuse des femmes de Taïti. Il est bon de constater que ce régime a conduit les habitants de la Nouvelle-Cythère (nom que le galant Bougainville voulut donner à Taïti) à un bonheur parfait, qui excita vivement l'admiration de ce navigateur, au fond peu sérieux ; au contraire, les peuples à l'état de nature, qui ont maintenu la femme esclave, sont restés cruels et anthropophages, comme on le voit en Calédonie, en Australie et en Afrique. C'est là un intéressant sujet d'étude et de réflexions.

Les enfants abandonnent leurs parents dès qu'ils peuvent suffire à leurs besoins et se marient, quand ils ont atteint l'âge convenable, par les soins des anciens du village ou de la tribu. En somme, je crois que la population calédonienne diminue, ainsi que l'indiquent le grand nombre de champs portant des traces de culture ancienne et aujourd'hui abandonnés. Toutefois, cette race, avant de disparaître, nous sera d'une grande utilité pour nous aider dans nos premiers travaux. On pourra en faire des domestiques et des ouvriers intelligents et durs à la peine. J'ai occupé un grand nombre de Calédoniens à des travaux de défrichement et de terrassement; j'ai toujours été satisfait de leur besogne, bien que je la rétribuasse d'un fort modique salaire.

Les habitants de la Nouvelle-Calédonie ne sont point vêtus; seulement, les femmes portent autour des reins une ceinture large d'un décimètre environ. Sur plusieurs points de l'île, les femmes mariées ont seules droit à ce rudiment de costume; quant aux jeunes filles, elles sont absolument nues.

Les armes usitées sont le casse-tête, espèce de massue en bois très dur, qui affecte diverses formes, suivant le goût ou le caprice de l'individu; souvent il porte à la poignée divers ornements en poil de roussette ou en coquilles rares, suivant le rang du possesseur. Ils ont aussi la lance en bois, très aiguë, longue de deux mètres, et qu'ils manient avec une adresse incroyable. On voit, sur les chemins ou dans les bois, des enfants qui, dès l'âge de trois ou quatre ans, s'exercent déjà à lancer cette arme. A quarante ou cinquante pas, un Calédonien peut frapper un homme de sa lance et le tuer; mais l'arme la plus dangereuse entre leurs mains est la fronde, avec laquelle ils lancent des pierres grosses comme un œuf de pigeon; les blessures de cette arme sont terribles, et j'ai vu bien des bras et des jambes cassés par ces pierres en basalte, pointues aux deux extrémités. Ils font tourner la fronde horizontalement au-dessus de leur tête; au troisième ou quatrième tour, ils laissent échapper du doigt une des extrémités du lien qui retient la pierre, et celle-ci part avec une extrême rapidité pour aller frapper le but, souvent à une distance de plus de cent pas.

La propriété n'existe point en Calédonie : les indigènes prennent les terres qui leur conviennent, les cultivent et les abandonnent quand elles sont épuisées ; chacun en fait autant, mais on respecte toujours les plantations du voisin. Les chefs choisissent leurs terres les premiers, et successivement tous les autres habitants de la tribu, suivant leur rang ou leur importance. Les plantations sont souvent fort éloignées du village, afin que l'ennemi ne puisse les dévaster dans le cas d'une invasion. Les maisons sont réunies par groupes de huit ou dix et entourées de jardins ou de plantations de bananiers et de cocotiers ; elles sont de forme conique, construites en bambous et couvertes d'herbes sèches ou de feuilles de cocotiers tressées. On y pénètre par une porte basse, et elles n'ont point de fenêtres. A côté de la maison de maître se trouve un hangar ouvert où il fait sa cuisine et reçoit ses visites.

Il y a, dans les habitations, absence complète de meubles ; on y voit seulement quelques nattes sur lesquelles ils dorment, et quelques oreillers pour appuyer leur tête. Les ustensiles de cuisine, consistant en deux ou trois vases de terre, restent en dehors, sous le hangar. La propreté n'étant pas leur principale qualité, la vermine fourmille et pullule dans leurs cases. Cependant ils aiment à se baigner ; bien souvent, la nuit, je les ai vu passer par bandes, s'en allant prendre un bain dans le ruisseau voisin ou à la mer. Lorsque les Calédoniens seront vêtus et auront acquis quelques notions d'hygiène, ce qui ne peut tarder ; je suis certain que leur état physique s'améliorera considérablement.

Il me reste à parler des ports et des mouillages que nous avons reconnus autour de la Nouvelle-Calédonie, ainsi que des ressources qu'on y pourrait trouver pour un établissement naval qui serait destiné à l'entretien et au ravitaillement d'une escadre dans la mer Pacifique. Les premiers navigateurs reconnurent d'abord Balade, dont le mouillage est dangereux pendant la saison des ouragans ; ils furent amenés dans cette rade par la solution de continuité, formant une passe, qui existe au nord 5° est du fort bâti par nous dans les

grands récifs qui forment la ceinture de l'île. J'ai moi-même déter-
miné la direction de cette passe, à l'aide de relèvements astrono-
miques, d'après les ordres du contre-amiral Febvrier-Despointes.
Cette passe, large de cinq cents mètres environ, est très praticable,
les vents d'est qui règnent presque toujours étant favorables aussi bien
pour ceux qui sortent que pour ceux qui entrent. Plus tard, nous
avons pu reconnaître beaucoup d'autres ports et d'autres passes,
soit en explorant la côte et naviguant entre elle et les coraux, soit
en longeant les récifs par l'extérieur; c'est ainsi que l'on a
trouvé, à cinq lieues au sud-est de Balade, Puebo, village considérable et très peuplé, dont la campagne, fort belle, est couverte de
cocotiers et de superbes plantations; sa rade est mauvaise, mais il
serait facile d'y créer un bon port avec quelques jetées. Il y a une
fort jolie rivière, navigable pour les grandes embarcations; les récifs
ne sont pas éloignés de la côte, ce qui est toujours avantageux et
rend la navigation plus facile. C'est à Puebo que se perdit la corvette *la Seine*, en juin 1846, et qu'est établi le siége de la mission
centrale où se trouve en ce moment le Père Rougeyron, devenu
Supérieur par la mort de Mgr d'Amati. En continuant au sud-est, on
trouve, à six lieues environ, Hienguene, résidence d'une des plus fortes
tribus de l'île. L'entrée de la rade par les coraux est spacieuse et
sûre; il sera très facile de la baliser par des feux de nuit et des
signaux pour le jour. La rade intérieure n'est pas fermée, mais elle
pourrait l'être facilement, les matériaux se trouvant sur le bord de
la mer, précisément où il faudrait construire les jetées. Mais au
fond de cette rade se trouve l'embouchure d'une belle rivière, navigable, même pour les grands navires, à cinq ou six milles dans
l'intérieur. Au mois de mai 1854, je remontai cette rivière avec
une embarcation armée en guerre, qui faisait partie d'une expédition commandée par M. Tardy de Montravel, pour aller faire reconnaître la souveraineté de la France. Les habitations du chef de la
tribu de Hienguene, nommé Buarate, sont situées à l'endroit où la
rivière, n'étant plus navigable, se change en un torrent qui roule

ses eaux de cascade en cascade sur les pentes pittoresques des montagnes de l'intérieur. Rien de plus riant et de plus vert que les deux côtés de la vallée au fond de laquelle passe la rivière, depuis la mer jusqu'à la demeure de Buarate. Les plantations nombreuses et bien entendues d'ignames et de taros s'échelonnent en gradins jusqu'au sommet des deux montagnes; les cases, éparses çà et là, annoncent une population nombreuse qui trouve facilement à se nourrir sur les terres qu'elle habite.

En effet, quand nous nous présentâmes à l'embouchure de cette rivière,— c'était le 8 mai,— la tribu tout entière, qui avait été prévenue la veille, sortit en masse de ses habitations pour descendre sur les bords, et nous accompagna, grossissant à chaque case, jusqu'à la demeure du chef. C'était un spectacle saisissant que celui de cette multitude d'hommes, de femmes et d'enfants regardant d'un œil curieux les embarcations de notre flottille et poussant, à de courts intervalles, des hurlements que de sonores échos rendaient plus effrayants en les répétant mille fois. Quand nous mîmes pied à terre, Buarate seul s'avança vers M. de Montravel et, le prenant par la main, l'invita à le suivre jusqu'à sa demeure. Les compagnies de débarquement sautèrent à terre et se déployèrent en bataille sur une belle prairie qui s'étend de la rivière aux cases du chef. On arbora le drapeau français sur un arbre élevé et on le salua de vingt et un coups de canon; puis Buarate, nous ayant offert un repas dont M. de Montravel avait, il est vrai, fait presque tous les frais, on se mit en ordre autour d'une table improvisée sur l'herbe. Les sauvages nous regardaient d'un œil d'envie pendant que nous dévorions un mouton apprêté selon leur goût avec des ignames et des taros; les soldats et les matelots partagèrent leurs rations avec un grand nombre de ces naturels, hommes et femmes, et, à la fin du dîner, le plus parfait accord régnait entre tous. La plupart des indigènes n'avaient jamais vu de blancs et semblaient fort étonnés : le héros de la fête fut, non pas notre commandant, capitaine de vaisseau et représentant du gouvernement français, mais un groupe d'artilleurs dont le plumet rouge excita vivement la curiosité et l'envie de nos amis les sauvages, en leur faisant croire que ce devaient être de grands personnages. Le repas terminé, Buarate ordonna une grande danse en notre honneur. Les sauvages, au nombre de sept à huit cents, se rangèrent sur une seule ligne de trois ou quatre hommes de profondeur, puis, à un signal donné, ils commencèrent à sauter sur place comme de grands singes, en poussant des cris perçants, alternés par la cadence monotone de quelques bambous frappant le sol par une de leurs extrémités. Après quelques instants de repos et de reprise dans cette danse peu gracieuse, les sauvages rompirent leurs rangs en poussant de nouveaux cris. L'ordre de se rembarquer fut donné, et nous descendîmes paisiblement la rivière, accompagnés comme précédemment de toute la population, qui vint même jusqu'aux navires, dans de légères pirogues.

Peu de jours après cette expédition, qui nous fit bien connaître le caractère et les mœurs des Nouveaux-Calédoniens, la *Constantine* appareilla pour aller reconnaître d'autres ports plus au sud. — Le *Prony* se dirigea vers Touho, qui est à huit lieues de Hienguene, au sud-est, et où sont établis deux missionnaires français. La rade de Touho est mauvaise et parsemée d'écueils dangereux, mais la campagne y est magnifique. Les troupeaux de bœufs, moutons et porcs, apportés par les Pères, y ont réussi au delà de toute espérance. Le pin colonnaire, qui manque à Balade, se trouve ici en grande quantité et tout au bord de la mer.

De Touho, en passant par l'extérieur des coraux, nous allâmes à Kanala, où se trouvait la *Constantine* depuis quelques jours. La passe qui conduit à l'entrée de la baie de Kanala est difficile. Tant qu'elle ne sera pas bien indiquée par des balises, il y aura quelque péril à s'y aventurer avec un navire à voiles; mais, quand on est arrivé dans l'intérieur de la baie, on se trouve dans un des plus beaux ports du monde. Je ne connais que celle de Sydney, en Australie, qui lui soit supérieure. Vers le fond de ce port, est une vaste plaine qui pourrait fournir l'emplacement commode d'une ville ou d'une colonie pénitentiaire et agricole. Les eaux y sont abondantes, ainsi que les bois de construction. J'y ai recueilli moi-même des cannes à sucre ayant onze ou douze centimètres de diamètre. J'ai reconnu des traces de minerai de fer à la surface du sol. Kanala me paraît être un des meilleurs ports de l'île, et des mieux situés.

Tout à côté, se trouve la baie de Koava. Elle offre les mêmes ressources que sa voisine, tant pour la fertilité des terres qui l'entourent, que pour la sûreté du port; on serait fort embarrassé pour le choix. J'ai fait l'hydrographie de cette baie sous la direction de M. Brun, commandant du *Prony*, pendant que les officiers de la *Constantine* faisaient celle de Kanala. La soumission des chefs de Touho, Kanala et Koava se fit sans aucune difficulté, quoique ces peuplades fussent entièrement sauvages, les missionnaires n'ayant encore pu s'y établir.

Quelle que soit la fertilité des terres de Kanala et de Touho, je dois dire que, sous le rapport du personnel, ces tribus sont inférieures à celle de Hienguene, où j'ai remarqué les plus beaux hommes et les plus jolies femmes. J'attribue cela à la grande richesse du sol, à l'élévation des cases, toutes bâties sur les hauteurs, loin des émanations malsaines. de la plage, et aussi à l'action de la race elle-même, qui m'a paru plus pure et de teinte moins foncée.

La *Constantine* quitta le port de Kanala après en avoir terminé le plan, et, faisant le tour du grand récif par le sud de l'île des Pins, alla mouiller à Saint-Vincent, qui est situé sous la côte ouest, pendant que Le *Prony* allait à l'île des Pins pour abattre quelques arbres et les transporter à Saint-Vincent, où l'on pensait s'établir. La soumission du chef de l'île des Pins ayant été faite en 1853 par M. l'amiral Febvrier-Despointes, nous n'eûmes point à nous en occuper. Ce chef indigène est devenu un fonctionnaire français, payé à raison de 1,800 francs par an. C'est un homme jeune, intelligent et fort adroit; il possède plusieurs grandes pirogues avec lesquelles il va pêcher les tortues sur le grand récif. Il n'a pas voulu se convertir au catholicisme, quoiqu'il vive en fort bonne intelligence avec les deux missionnaires établis dans l'île depuis sept ans. La polygamie est toujours le plus grand obstacle que rencontrent les Pères ; il est juste de dire que l'influence de quelques pasteurs protestants venus à diverses époques dans l'île a eu encore pour résultat de jeter le trouble et l'incertitude parmi la population indigène, qui ne veut maintenant écouter ni les uns ni les autres.

L'île des Pins jouit d'une température beaucoup plus fraîche que celle de la Nouvelle-Calédonie. Le sandal et le pin colonnaire s'y trouvent en grande quantité. Déjà des troupeaux de bœufs et de porcs y sont devenus sauvages et y ont pullulé fort abondamment. Les rades sont mauvaises, mais on pourra peut-être trouver un bon port, au nord de l'île, qui n'est pas encore connu. En somme, cette dépendance de la Nouvelle-Calédonie nous sera fort utile à cause de la fertilité du sol, de la douceur du climat, des qualités de sa population, qui me paraît ressembler davantage à la race polynésienne que celle de la Nouvelle-Calédonie, et qui est par conséquent plus belle.

Notre bois coupé et embarqué, nous allâmes rejoindre la *Constantine* au port Saint-Vincent. Une coupée dans le récif, facile et peu éloignée de terre (six mille), conduit au port, qui est vaste et sûr. Des bancs de sable assez étendus empêchent les grands navires d'approcher de la côte, généralement basse et marécageuse. Le pays est déboisé, la population rare et misérable ; sans doute quelque guerre l'aura décimée après avoir détruit les cocotiers et les plantations. L'eau potable manque à l'endroit où mouillent les bâtiments. Nous creusâmes des puits, pendant que M. de Montravel levait le plan de la baie et cherchait un endroit pour établir un poste. En attendant, la chaloupe de la *Constantine*, qui avait été expédiée vers le sud pour reconnaître la côte, revint, déclarant avoir découvert une baie spacieuse et bien fermée, et, en assez grande abondance, de l'eau et du charbon, dont elle rapportait plusieurs échantillons ramassés à la surface du sol. Nous quittâmes immédiatement le port Saint-Vincent, en remorquant la *Constantine*, et nous arrivâmes, le

14 juin 1854, à Nouméa; c'est ainsi que les naturels appelèrent la grande baie découverte par la *Constantine*. Les rapports étaient exacts; la rade de Nouméa, à laquelle conduit une fort belle passe, est aussi grande que celle de Kanala, mais on n'a pas l'avantage d'y posséder de l'eau douce comme dans cette dernière. Le grand récif est à dix milles. Quand on est au mouillage vers le milieu de la baie, il est impossible de voir la haute mer, tant elle est bien fermée. Le sol est fertile et couvert de belles prairies; les bois de construction ne sont pas éloignés; l'eau pourra être amenée à l'aide de quelques travaux jusqu'à la plage où l'on voudra s'établir. M. de Montravel décida qu'on s'établirait sur un cap qu'il désigna, et qu'un fort y serait construit. Les équipages et les troupes furent immédiatement occupés à ces travaux, qu'on poussa avec vigueur jusqu'à l'achèvement complet des casernes, ce qui fut terminé en deux mois à peu près, c'est-à-dire en septembre 1854.

Les mines de charbon se trouvent au sud de Nouméa, sur le territoire d'une tribu misérable et peu nombreuse, qu'on appelle tribu de Morare; il m'a été facile de reconnaître un gisement considérable de houille dans cette partie de la Nouvelle-Calédonie. Il y a six lieues de Nouméa à Morare, et la route pourra être tracée sur un terrain plat, fertile et bien arrosé. Je crois que ces deux points sont appelés à devenir le siége des deux plus considérables établissements de l'île, tant à cause des mines que de leur position en face de l'Australie et surtout de Sydney. De plus, Nouméa est précisément sur la partie occidentale de l'île correspondant à Kanala, qui est à l'est; une route pourra être pratiquée dans les vallées de l'intérieur pour mettre en communication ces deux ports importants : elle n'aura que douze à quinze lieues de longueur. Non-seulement nous avons trouvé du charbon à Nouméa, mais aussi à Morare, un peu dans l'intérieur des terres, dans une jolie plaine et sur les bords d'une petite rivière. Comme je l'ai dit, les bois sont abondants dans cette partie de l'île. Outre le pin colonnaire, qui affectionne le bord de la mer, il y a une grande quantité de bois de construction et de bois précieux. J'ai vu, sur le versant des montagnes, des arbres gigantesques dont la végétation de nos pays ne donne aucune idée. Le sandal est partout, même au bord de la mer.

Dans le courant du mois de novembre, nous visitâmes des baies inconnues dans la partie sud de la Nouvelle-Calédonie. La population y est peu nombreuse; cependant il y a une île placée entre la Calédonie et l'île des Pins qui est bien habitée et bien cultivée : on l'appelle l'île de Win. Les habitants nous ont dit avoir trouvé du charbon sur plusieurs points et particulièrement sur une île désignée par Cook sous le nom de Botany-Island; elle se trouve sur la carte d'Entrecasteaux. Il est facile de naviguer en dedans des récifs pour aller de la pointe de la Calédonie à l'île des Pins. La corvette à vapeur *le Duroc* a déjà suivi cette route. Il en résultera de grandes facilités pour les relations indispensables entre Nouméa, les mines de Morare et l'île des Pins. On pourra se tenir en dedans des grands coraux qui s'éloignent de terre jusqu'à une distance de quinze lieues vers le sud-ouest et l'ouest. De cette façon, on restera à l'abri, comme dans une mer intérieure, où il n'y a jamais de grosses lames ni de très fraîches brises.

Ici se terminent mes explorations de la partie sud de la Nouvelle-Calédonie, mais au nord j'ai parcouru plusieurs fois le passage *Devarenne*, qui est situé entre le groupe d'îles et l'embouchure du Diaot. On entre par l'île Boulabio et on sort par l'île de la *Reconnaissance*. La carte d'Entrecasteaux indique assez bien ce passage, quoique cet illustre navigateur ne l'ait pas pratiqué; je croirais même volontiers qu'il l'avait à peine soupçonné. Le nom de *Devarenne*, qui a été donné à ce détroit dans ces derniers temps, est celui de l'enseigne de vaisseau qui fut massacré, en 1851, avec un autre officier et douze matelots. La population de cette partie de l'île est fort nombreuse et très cruelle; elle est surtout plus anthropophage qu'aucune autre tribu, mais le pays qu'elle habite, bien situé et très fertile, sera de grande ressource quand on y sera établi.

Il m'eût été facile de m'étendre plus longuement sur la description des divers produits de la Nouvelle-Calédonie, mais je crois relati--vement assez complet l'exposé sommaire que je m'étais proposé ; je terminerai donc ces notes par un aperçu général sur ce qu'il y aurait de mieux à faire pour coloniser ce pays et y fonder un établissement pénitentiaire agricole.

Le gouvernement, annonçant, le 14 février de l'année dernière, par la voie du *Moniteur,* la prise de possession de la Nouvelle-Calédonie disait : « Le gouvernement français était désireux depuis longtemps de posséder dans les parages d'outre-mer quelques localités qui pussent, au besoin, recevoir ses établissements pénitentiaires.» Je m'autoriserai de ces paroles pour chercher à mettre à profit la connaissance que j'ai de ce pays et discuter les moyens à employer pour atteindre le but qu'on s'est proposé. Le choix me paraît des plus heureux, et si j'avais à donner l'ordre de faire partir un premier envoi de condamnés, je n'hésiterais pas à l'expédier dans le plus bref délai et sous de certaines conditions :

Je suppose que trois cents condamnés soient placés à bord d'un de nos transports. Avant le départ, il faudra mettre sur ce bâtiment un nombre suffisant de maisons en fer, semblables à celles dont on se sert dans la Guyanne française. Chaque condamné sera fourni d'effets d'habillements et de chaussures pour deux ans. Les outils nécessaires aux maçons, charpentiers, terrassiers et autres seront placés en abondance sur le bâtiment, dont l'approvisionnement en vivres sera d'un an. Un autre transport suivra le premier à six mois d'intervalle, avec les mêmes ressources, le même armement et plus de vivres, si c'est possible. Dès l'arrivée à Balade, les condamnés seront débarqués, sauf les malades, qu'on soignera à bord. La garnison, évaluée à cinquante hommes pour trois cents condamnés, sera mise à terre avec eux, et tous camperont à l'endroit désigné par le chef de l'expédition. Il faudrait que ce dernier fût un officier connaissant déjà les localités et les ressources des lieux, ainsi que l'esprit des naturels, sans quoi il serait embarrassé pour les plus

petites choses, et son esprit inquiet ne rêverait qu'attaques et sur-
prises de la part des sauvages. Au milieu de ces préoccupations,
l'entreprise aurait moins de chances de réussite, et, dans tous les
cas, on perdrait un temps précieux. On se mettra sans retard à
l'ouvrage pour la construction des casernes et le montage des maisons en fer. En attendant que ces travaux soient assez avancés pour
abriter les condamnés, on les fera rentrer tous les soirs à bord du
navire qui les aura amenés. Si la saison est sèche, on pourra sans
danger les faire bivaquer sous la tente; la salubrité bien constatée
du pays permet d'agir ainsi sans inconvénient. Je l'ai fait moi-même
sans en avoir éprouvé aucune maladie, ni même le moindre déran-
gement. On s'occupera simultanément et activement de l'installation d'un parc à bestiaux, du défrichement des terres pour un jardin
et de leur ensemencement. Quand les maisons en pierres et en
briques seront terminées, on pourra y débarquer les vivres et y
établir la garnison à port fixe. Pendant les quatre mois de mon
commandement de la tribu de Balade, j'ai fait confectionner plus de
vingt mille briques, à quelques pas du blockaus. J'envoyais quelques
sauvages me ramasser du corail avec lequel je faisais d'excellente
chaux; la pierre et le sable se trouvent partout. Il est donc possible
de bâtir à peu de frais et promptement. C'est ma propre expérience qui
me fait ainsi parler avec quelque assurance. Au bout d'une année,
je garantis que la colonie sera dans un état prospère et pourra se
suffire à elle-même pour bien des choses. Elle aura des champs
d'ignames et de taros qui, mélangés avec la viande salée apportée
d'Europe, fourniront une nourriture saine et agréable. A ce moment,
le bâtiment, ayant amené le convoi et voyant tout bien établi, pourra
repartir et opérer son retour en Europe.

Quoique ce soit de la plus haute importance, je ne parlerai pas
ici de la direction et de l'impulsion à donner au moral des déportés.
Ces natures exaltées et souvent indomptables veulent être étudiées
par des hommes d'une intelligence et d'un jugement élevés. Par
l'émulation, la sincérité dans les actes et les promesses et l'emploi de

beaucoup d'énergie, on peut arriver à de bons résultats. J'ai la conviction qu'il est possible de ramener à de bons sentiments le condamné déporté, parce que je sais qu'il s'opère dans son esprit de grands changements à mesure qu'il s'éloigne de sa patrie; mais pour cela, je le répète, il faut un tact sûr et du jugement.

Si le premier navire a été dirigé sur Nouméa, il aura été facile de détacher tout de suite cent condamnés pour les employer à l'exploitation des mines de charbon; ces cent hommes, à l'aide d'un travail modéré, auront préparé en trois mois un chargement de houille pour le bâtiment qui les aura apportés; ce chargement sera embarqué et transporté à Taïti, ou bien à l'une de nos stations de la Chine ou des mers du Sud, qui paient ce combustible, qu'on envoie habituellement de France ou d'Angleterre, à des prix exorbitants. Si, plus tard, l'exploitation est faite sur une vaste échelle et d'une manière intelligente, sous les ordres d'un ingénieur des mines, on verra bientôt arriver des bâtiments marchands. En effet, depuis la découverte des mines d'or de l'Australie, l'agriculture de ce pays négligée, abandonnée, ne fournit plus aucun chargement de retour pour l'Europe. On ne trouve qu'une petite quantité des laines si abondantes autrefois, sur les marchés de Sydney; donc les navires qui repartent au lest pour l'Europe, et surtout les navires français, seront fort heureux de venir prendre un chargement exempt de tout droit étranger et de faire ce commerce interlope d'une possession française à une autre possession également française. Il en serait de même pour les bois de construction ou de mâture dont Taïti manque complétement et que nos bâtiments de guerre achètent si cher à Valparaiso ou à Canton. Lors de la dernière déclaration de guerre, il y a dix-huit mois, on manquait de bois à Taïti pour les affûts des batteries indispensables à la défense de Papaëte. Le sandal sera surtout une branche de commerce fort recherchée des navires voulant aller en Chine; il en sera de même pour le *trépang*, mais il faudrait tout de suite régulariser la coupe de ce bois précieux et réglementer la pêche de ce zoophyte, si recherché, comme je l'ai dit, par les habitants du Céleste-Empire.

Tous ce que je viens d'exposer me semble naturel et de réalisation facile, il n'y a qu'à vouloir. La connaissance que j'ai de la Nouvelle-Calédonie et de ses ressources m'a fait ainsi parler avec assurance. Si j'avais le bonheur de voir un jour le gouvernement français prendre ces mesures, que je crois foncièrement utiles, j'en serais heureux, d'autant plus que je me suis sincèrement attaché à cette nouvelle possession de la France.